안녕? 중국사

안녕? 중국사 ❸

초판 1쇄 인쇄 2017년 5월 20일 | **초판 1쇄 발행** 2017년 5월 25일
글 송민성 | **그림** 이용규 | **감수** 이근명(한국외대 사학과 교수) | **사진** 위키미디어 공용
펴낸이 홍석 | **전무** 김명희 | **편집부장** 이정은 | **편집** 차정민, 이선아
디자인 신영미 | **마케팅** 홍성우, 이가은, 김정혜, 김정선 | **관리** 최우리
펴낸곳 도서출판 풀빛 | **등록** 1979년 3월 6일 제8-24호
주소 서울 서대문구 북아현로 11가길 12 3층(북아현동, 한일빌딩)
전화 02-363-5995(영업) 02-362-8900(편집) | **팩스** 02-393-3858
전자우편 kids@pulbit.co.kr | **홈페이지** www.pulbit.co.kr

ISBN 978-89-7474-389-5 74910
　　　 978-89-7474-386-4 (세트)

ⓒ 송민성, 이용규 2017

이 도서의 국립중앙도서관 출판예정시도서목록(CIP)은 서지정보유통지원시스템 홈페이지(http://seoji.nl.go.kr)와
국가자료공동목록시스템(http://www.nl.go.kr/kolisnet)에서 이용하실 수 있습니다.
(CIP제어번호:CIP2017005173)

*파본이나 잘못된 책은 구입하신 곳에서 바꿔드립니다.

품명 아동 도서　　　　　**사용연령** 8세 이상
제조국 대한민국　　　　**제조년월** 2017년 5월 25일
제조자명 도서출판 풀빛　**연락처** 02-363-5995
주소 서울특별시 서대문구 북아현로 11가길 12 3층 (북아현동, 한일빌딩)
주의사항 종이에 베이거나 긁히지 않도록 조심하세요.
　　　　　　책 모서리가 날카로우니 던지거나 떨어뜨리지 마세요.
　　　　　　KC마크는 이 제품이 공통안전기준에 적합하였음을 의미합니다.

차례

등장인물 소개 ······ 6

1장 | 무너져 내리는 중화사상 ······ 8

청나라를 집어삼킨 아편 ······ 10
서양 세력에 무릎 꿇은 청나라 ······ 14
변화를 위한 새로운 움직임 ······ 18

참깨비의 중국사 깊이 보기 – 활짝 문을 연 일본, 문을 꽁꽁 걸어 잠근 조선 ······ 24

2장 | 역사 속으로 사라진 황제의 나라 ······ 26

조선에 군대를 보낸 청나라 ······ 28
청일 전쟁에서 패배하다 ······ 30
법과 제도를 바꾸자! 변법자강 운동 ······ 32
외세를 몰아내자! 의화단 운동 ······ 34
쑨원, 혁명의 불길을 일으키다 ······ 36
중화민국이 들어서다 ······ 38

참깨비의 중국사 깊이 보기 – 중국의 마지막 황제, 푸이 ······ 40

3장 | 공산당이 세운 중화 인민 공화국 ······ 42

5.4 운동이 일어나다 ······ 44
협력과 전쟁을 반복한 국민당과 공산당 ······ 48
공산당이 국민당을 몰아내다 ······ 54
참깨비의 중국사 깊이 보기 - 장제스의 국민당이 세운 중화민국 ······ 56

4장 | 중국에 부는 개혁의 바람 ······ 58

평등하게 가난해진 중국 ······ 60
중국을 휩쓴 홍위병들 ······ 62
개혁과 개방 정책을 펼친 덩샤오핑 ······ 66
천안문 사건이 터지다 ······ 68
세계 2위의 경제 대국으로 성장한 중국 ······ 70
참깨비의 중국사 깊이 보기 - 세계 2위 경제 대국의 그늘 ······ 72

중국사 여행을 마치며 - 사라진 비책 수첩 ······ 74
꽃깨비의 중국사 여행 ······ 78
비책 수첩 ······ 80
중국사 연표 ······ 82

등장인물

참깨비

똑똑하고 다부진 성격.
아는 것도 많고, 한번 들은 것은
절대 까먹지 않는다.

불깨비

도깨비 사 형제 중 행동 대장.
울뚝불뚝 다혈질에 용감무쌍,
말 그대로 성질이 불같다.

꽃깨비

도깨비 나라 최고의 미남.
세상 모든 여자가 자기를 좋아한다고 믿는
왕자병 환자다.

멍깨비

24시간 멍하고 졸림.
아는 게 없어 늘 질문하지만
대답을 듣는 순간 까먹는다.

옥황상제

하늘을 다스리는 신으로
도깨비 나라의 절대 권력자.
근엄하고 진지하지만
막내딸인 오방 공주에게만큼은
그 무엇이라도 내줄 수 있는
따뜻한 아버지다.

오방 공주

옥황상제의 막내딸로
천진난만하며 세상 걱정거리가 없다.
그러나 중국사 시험에 빵점을 맞아
난생 처음 좌절을 겪는데……

쑨원

중국 혁명의 아버지.
가난한 농부의 아들로 태어나 의사로 일하던 쑨원은
혁명을 일으키고 중화민국을 세운다.

마오쩌둥

중국 공산당을 이끈 인물. 온갖 역경을 이겨 내고
공산당의 세력을 키워 국민당을 몰아낸다.
그리고 마침내 중화 인민 공화국을 세우는데……

1장 무너져 내리는 중화사상

"자, 약속대로 이번엔 꽃깨비가 먼저 시간 여행 순서를 정해."
참깨비의 말에 꽃깨비가 행복한 고민에 빠졌어.
"지난번에 참깨비 형은 자금성으로 갔다고 했지?"
"응. 자금성 구경도 하고, 서양 상인들도 봤지."
"그렇다면 첫 번째로 갈래! 청나라가 한창 잘나가고 있는 거잖아. 지금 가면 전쟁 없는 평화로운 시간 여행이 되지 않겠어?"
"글쎄……. 그럴까?"
다른 도깨비들이 고개를 갸웃거리자
꽃깨비가 눈을 가느다랗게 떴어.
"설마 다들 첫 번째로 가고 싶어 그러는 거 아냐?"
"그런 건 아닌데."
"됐고, 나 무조건 첫 번째, 첫 번째로 갈 거야!"
"그래, 그렇게 해."
신이 난 꽃깨비가 콧노래를 흥얼거렸어.
'나도 자금성으로 떨어지면 좋겠다. 오방공주 닮은 궁녀도 보고. 큭!'
꽃깨비가 기대에 찬 얼굴로 주문을 외웠어.
깨비깨비!

청나라를 집어삼킨 아편

"물건을 빼앗아 가겠다니, 말이 되는 소립니까?
황제의 명이고 뭐고, 우린 절대 물건을 내줄 수 없습니다!"
"팔지 말라는 아편을 팔아 놓고 도리어 큰소리를 치다니!
그냥 가져가겠다는 것도 아니고, 차로 바꿔 준다지 않는가!"
"아 그래도 싫다고요!"
도착하자마자 들려오는 고함 소리에 꽃깨비가 땅이 꺼져라 한숨을 쉬었어.
"아, 정말 난 왜 이렇게 운이 없는 거야!"
꽃깨비는 툴툴대며 사람들 사이로 고개를 쑥 내밀었어.
거기에는 영국 상인들이 청나라 관료에게 목청껏 항의하고 있었지.
"왜들 저러는 거예요?"
꽃깨비가 비책 수첩을 슬쩍 꺼내 들고 옆에 서 있던 할머니에게 물었어.
"황제가 아편을 모두 없애라는 명령을 내렸거든.
저 사람들은 아편을 파는 상인들인데 아편을 내놓지 않겠다고 버티는 거야."

"아편이 뭔데요? 혹시 예쁜 보석 같은 건가요?"

"진통제로 쓰는 일종의 마약이지."

아편을 너무 많이 피우면 정신이 혼미해지고,

자칫하면 목숨을 잃을 수도 있어.

게다가 중독성이 무척 강해서 한번 피우기 시작하면 끊기가 매우 어렵지.

"영국 상인들은 아편처럼 위험한 걸 왜 파는 거예요?"

"그거야 돈을 벌려고 그러는 게지"

청나라와 교역을 시작한 영국 상인들은 차나 도자기 등을 많이 사갔지만

영국 물건은 청나라 사람들에게 잘 팔리지 않았어.

손해가 막심했던 영국이 중독성이 강한 아편을 팔기로 한 거야.

"그렇다고 마약을 팔다니, 진짜 치사하네!"

아편은 순식간에 퍼져 나갔어.
아편 중독자들 중에는 노인이나 아이들도 적지 않았지.
아편을 사들이느라 엄청난 은이 빠져나가는 데다
아편 중독자들은 일도 제대로 하지 않았기 때문에
청나라 경제는 빠른 속도로 나빠졌어.
그래서 황제가 아편을 팔지 못하게 했지만
몰래 사고파는 사람들은 늘어 나기만 했지.

서양 세력에 무릎 꿇은 청나라

화가 난 황제는 관리를 보내
영국 상인들의 아편을 모두 빼앗아 없애 버렸어.
"오 마이 갓! 청나라 황제, 완전 도둑놈이에요!"
아편을 빼앗긴 상인들은 영국에 이 사실을 알렸지.
영국에서는 청나라가 영국 상인들의 장사를
방해했다며 군대를 보내 전쟁을 일으켰어.
이것이 바로 아편 전쟁이야.

청나라도 맞섰지만 신식 무기로 무장한
영국 군대에겐 상대가 되지 않았어.
결국 청나라는 영국의 요구를 받아 들여 난징 조약을 맺게 돼.
난징 조약은 5개 항구를 열고
영국에 홍콩과 막대한 배상금을 넘겨주는 등
청나라에 불리한 조항들뿐이었어.
중국이 외국과 처음으로 맺은 완전 불평등 조약이었지.

청나라가 영국에 맥없이 져 버리자 미국과 프랑스도 욕심이 생겼지.
"쳇, 청나라도 별 거 아니잖아? 우리한테도 항구를 열라고 해야겠군."
서양의 앞선 무기에 놀란 청나라는
미국과 프랑스에도 항구를 열 수밖에 없었지.
이를 지켜본 청나라 사람들은 커다란 충격에 빠졌어.
"세계 최고의 청나라가 한낱 오랑캐들에게 무릎을 꿇다니!"
중국은 지금까지 다른 나라와 황제, 신하의 관계를 맺고,
그들이 물건을 바치면 하사품을 주는 식으로 교역을 해 왔어.
그런데 이제는 서양 여러 나라와 동등한 입장에서
물건을 사고팔게 된 거야.
그러니 청나라 사람들은 혼란에 빠지고 말았지.

변화를 위한 새로운 움직임

이 무렵, 홍수전이라는 인물이 등장했어.
평범한 농부의 아들로 태어난 홍수전은 우연히 기독교를 접하게 되면서
자신이 하느님의 아들이자 예수 그리스도의 동생이라고 주장했어.
신분에 상관없이 재산을 똑같이 나누고, 남녀 차별을 없애
모두가 평등하고 행복한 천국을 세워야 한다고 했지.
홍수전의 주장은 특히 가난하고 힘없는 사람들에게 큰 힘이 되었고,
그를 따르는 이들은 금세 늘어나 수백만 명에 달했어.

이들은 난징을 비롯한 청나라 영토 절반을 차지하고 '태평천국'을 세웠지.
이를 태평천국 운동이라고 불러.
청나라의 최대 농민 반란인 태평천국 운동은 14년 동안이나 이어졌어.
태평천국 운동이 잦아들자 관료들은 양무운동을 펼치기 시작했어.
양무운동은 서양의 과학 기술을 배워 튼튼한 나라를 만들자는 운동이었어.

백성들이여~, 나를 따르라~!

태평천국 운동을 겪으면서 관료들은 신식 무기와
기술의 필요성을 절실히 느꼈거든.
그래서 서양의 도움을 받아 무기와 군함을 만드는 공장을 세우고,
서양식 군대를 만들었어. 곳곳에 철도와 통신 설비도 깔았지.
서양식 학교도 세우고, 서양으로 유학생을 보내기도 했어.

중국의 달라진 모습을 보고 감탄을 하던 꽃깨비가
낯선 건물 앞에 멈춰 섰어.
"흠, 저기가 양무운동으로 세워진 공장이란 말이지? 한번 들어가 볼까?"
둘러보니 청나라 노동자가 서양 기술자에게서
기계 돌리는 법을 배우고 있었어.
"아저씨, 뭘 만드시는 거예요?"
"제 아무리 단단한 성벽이라도 쓰러뜨리는 무적 대포를 만드는 중이란다."
"대포라면 청나라에서도 만들 수 있을 텐데 왜 서양 기술자한테 배워요?"
"서양 기술이 우리보다 뛰어나거든. 물론 아주 쪼금이지만.
두고 봐라. 무기만 똑같이 만들어 내면 우리 청나라가 다시
세계 최고의 강대국으로 우뚝 설 테니!"

서양의 문물과 기술을 적극적으로 들여왔지만
법과 제도는 바꾸지 않았어.
"법과 제도는 우리 청나라가 훨씬 훌륭하거든."
하지만 낡고 잘못된 법과 제도는 그대로 두고
기술만 받아들이다 보니 완벽하게 달라지기는 힘들었어.
"하긴 아무리 꽃단장해 봤자 이 꽃깨비님이 될 순 없는 법이니까.
그나저나 청나라는 앞으로 어떻게 되려나? 걱정이네."

혼자 중얼거리던 꽃깨비는 깜짝 놀랐어.
역사 따위 관심 없다고 투덜거리던 자신이
어느새 시간 여행에 흠뻑 빠져 있었기 때문이었어.
"내가 이런 걱정을 왜 하는 거야?
비책 수첩만 대충 채우면 될걸.
아휴, 얼른 돌아가서 얼굴에 팩이나 해야겠다."
꽃깨비가 겸연쩍은 얼굴로 주문을 외웠어.
깨비깨비 까비까비 뿅!

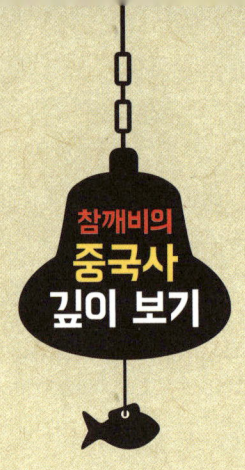

참깨비의 중국사 깊이 보기

활짝 문을 연 일본, 문을 꽁꽁 잠근 조선

서양을 보고 배워라!

　청나라가 서양 열강에 굴복해 개항을 하자, 역시 개항 요구에 시달리고 있던 일본과 조선은 엄청난 충격에 휩싸였어. 완전히 기가 꺾인 일본은 미국과 불평등한 조약을 맺고 항구를 열었어. 그러자 영국과 러시아도 기다렸다는 듯 개항을 요구하고 나섰어. 일본은 이들 나라와도 비슷한 조약을 체결할 수밖에 없었지.

　일본은 굴욕적인 조약을 맺으면서도 강해지기 위해서는 서양을 보고 배워야 한다고 생각했어. 정부 관료와 젊은이들을 유럽과 미국으로 보내 서양의 제도와 문물을 상세히 배워 오도록 했지. 지난 1300여 년간 스승과 같았던 중국 대신 서양이라는 새로운 스승을 찾아낸 거야. 일본은 정치부터 교육, 경제, 문화 전체를 서양식으로 바꾸었어.

머리부터 발끝까지 서양식으로 바꿔 바꿔~!

　우선 헌법을 발포하고 의회를 만들었어. 그리고 2만여 개의 소학교를 세우고, 소학교 입학을 의무화했어. 학교에서는 서양식 교육을 받았지. 서양식 공장과 은행을 세우고, 철도도 깔았어. 일본식 상투인 촌마게를 자르고, 양복과 중절모, 구두를 신었으며 서양

사람들처럼 크고 단단한 체격을 갖기 위해 소고기와 돼지고기를 많이 먹도록 했어.

조선과 만주를 노린 일본

일본은 하루빨리 국력을 키우기 위해선 다른 나라를 침략해 서양 열강에 빼앗긴 이익을 채워야 한다고 생각했어. 일본이 노린 것은 조선과 만주였어.

이 무렵 조선은 서양을 여전히 미개한 오랑캐로 여기며 문을 꽁꽁 걸어 잠그고 있었어. 일본은 군함을 강화도로 보내 대포를 마구 쏘아댔어. 겁에 질린 조선은 결국 강화도 조약을 맺고, 일본에 개항을 하게 돼.

일본과 강화도 조약을 맺는 모습

일본은 자신들이 서양 열강에 당한 것과 똑같이 불평등한 내용을 요구했어. 적극적으로 서양 문물과 기술을 받아들인 일본, 여전히 청나라가 최고라는 착각에 빠져 서양과 일본을 무시했던 조선. 일본과 조선의 대조적인 반응은 이후 두 나라의 역사를 완전히 바꿔 놓게 된단다.

강화도 조약 문서

2장 역사 속으로 사라진 황제의 나라

"그러니까 청나라가 억지로 문을 열었다는 거지?
흠, 그럼 청나라의 앞날이 순탄치 않겠는걸?"
꽃깨비가 적어 온 비책 수첩을 들여다보던 참깨비가 걱정스럽게 말했어.
"그래도 청나라가 한순간에 무너지진 않겠지.
양무운동을 벌여서 군대도 만들고, 공장도 새로 세웠잖아.
보란 듯이 옛 명성을 되찾을 거야."

말은 그렇게 하면서도 꽃깨비의 얼굴에도 수심이 가득했어.
"안 되겠다! 참깨비 형, 얼른 시간 여행 떠나!"
꽃깨비가 비책 수첩을 참깨비에게 쥐어 주었어.
"지금 바로 떠나라고?"
"나 궁금해 죽겠단 말야! 얼른 가서 청나라가 어떻게 되는지 알아보고 와!"
"아, 알았어."
꽃깨비의 등살에 못 이긴 참깨비가 주문을 외웠어.
깨비깨비!

조선에 군대를 보낸 청나라

"어라, 여긴 조선이잖아? 중국사 여행인데 왜 조선에 왔지?"
참깨비가 어리둥절한 눈으로 주위를 두리번거렸어.
그때 남루한 차림으로 터벅터벅 걸어가는 청나라 군대가 보였어.
"아저씨, 잠깐만요. 청나라 군대가 조선엔 웬일이에요?"
군인이 버럭 성질을 내며 대답했어.

"왜긴! 조선 왕이 동학 농민군들 잡아 달라고 해서 왔지!"
"동학 농민군이요?"
조선 후기, 양반의 횡포는 갈수록 심해졌어.
동학을 믿는 농민들은 세금을 줄이고 차별을 없애라며 봉기를 일으켰지.
점점 더 많은 사람들이 봉기에 참여하면서
동학 농민 운동은 전국으로 퍼져 나갔어.
이들을 막을 힘이 없던 조선 조정은 청나라에 군대를 보내 달라고 부탁했어.
청나라가 군대를 보내자 조선을 호시탐탐 노리던 일본도 군대를 보냈어.

청일 전쟁에서 패배하다

청과 일본의 군대가 들어오자 큰 전쟁이 벌어질까 걱정한 동학 농민군들은
자신들의 요구를 들어 달라고 요청하며 스스로 흩어졌어.
그러나 청나라와 일본은 조선에서 물러나지 않았어.
두 나라 모두 조선을 차지할 속셈이었거든.
결국 청나라와 일본은 청일 전쟁을 벌였어.
하지만 청나라는 일본에 지고 말았지.
새로운 군대와 무기로 무장했지만 일본은 청나라보다 더 뛰어났거든.
청일 전쟁에서 진 청나라는 일본에 엄청난 배상금을 물어 주었어.
뿐만 아니라 조선에 대해서도 더는 간섭할 수 없게 됐지.

법과 제도를 바꾸자!
변법자강 운동

30년 동안이나 계속되었던 양무운동이 실패로 돌아가고,
마지막 신하의 나라였던 조선마저 일본에 빼앗기자
청나라는 더욱 큰 충격에 빠졌어.
보다 근본적인 개혁이 필요하다는 목소리가 나오기 시작했지.
"기술만 배워서는 서양 세력을 이길 수 없다!
서양의 제도와 법률을 받아들여 나라를 뿌리부터 바꾸자!"
바로 변법자강 운동이 시작된 거야.

과거제를 없애고, 정부를 개혁해야 한다는 주장에
관리들은 거세게 반발했지.
"이 무슨 해괴망측한 소리인가? 우리의 오랜 전통을 다 없애자니!"
사실은 정부를 개혁하면 자신들의 자리가 불안해지기 때문이었어.
관리들은 개혁안을 발표한 황제를 가두고,
개혁을 이끄는 무리들을 잡아들였어.
결국 변법자강 운동은 100일 만에 물거품이 되고 말았지.

개혁하지말고 가만히 있어!

외세를 몰아내자!
의화단 운동

반면, 서양 세력을 쫓아내면 청나라가 예전처럼
잘살 수 있을 거라고 생각하는 사람들도 생겨났어.
이들은 '의화단'을 조직해 교회를 습격하고 선교사들을 죽였어.
교회가 서양 열강의 앞잡이 노릇을 한다고 생각했거든.
뿐만 아니라 서양 세력이 만들어 놓은 철로를
뜯어내고 전봇대도 뽑아 버렸지.
그만큼 서양 열강들에 대한 청나라 사람들의 불만이 높았던 거야.

몰아내자, 전부 몰아내자고!

의화단 운동이 퍼져나가자 서양 열강들은 연합군을 보냈어.
처음엔 의화단을 도와주던 청나라 조정은
연합군이 쳐들어오자 아무 저항도 하지 못했지.
의화단을 물리치고 자금성을 점령한 연합군은 사람들을 마구 죽이고,
청나라의 보물을 약탈했어.
그렇지만 청나라는 항의는커녕 오히려 막대한 배상금을 물어 줘야 했어.
심지어 서양 군대들이 수도 베이징에 머무는 것을 허락해 주기까지 했지.

쑨원, 혁명의 불길을 일으키다

한편 청일 전쟁에서 패배한 후
사람들 사이에서는 아예 청나라를 없애고
새로운 나라를 세우자는 주장이 터져 나왔어.
중심이 된 인물이 바로 '중국 혁명의 아버지'라 불리는 쑨원이야.
가난한 농부의 아들로 태어나 의사로 일하던 쑨원은
무능력한 청나라 황실과 탐욕스러운 서양 열강에 분노를 느꼈어.
쑨원은 일본, 하와이 등을 돌며 자신의 주장을 알리고,
동료들을 모으기 시작했지.

쑨원은 민족과 민권, 민생을 뜻하는 삼민주의를 내세웠어.
"청나라를 무너뜨리고, 한족의 나라를 세우자!
국민이 나라의 주인이 되는 민주주의를 실천하자!
모두가 공평하게 잘 사는 세상을 만들자!"
청나라가 갈수록 힘을 잃어 가면서
쑨원의 주장을 따르는 사람들은 점점 더 많아졌어.

중화민국이 들어서다

마침내 쑨원을 따르는 사람들이 봉기를 일으켰어.
청나라 조정이 부랴부랴 나섰지만 이들을 막을 수는 없었어.
사람들은 청나라를 무너뜨리고 평생 혁명을 위해 싸워 온
쑨원을 임시 대총통으로 추대했어. 신해혁명이 일어난 거야.
쑨원은 중화민국의 성립을 발표했지.

"중화민국에서는 귀족, 천민 구분 없이 모두가 평등하며,
황제가 아닌 국민이 나라의 주인이다!"

마지막 황제 푸이를 끝으로 2천 년간 중국 사람들을 지배해 온
황제도 청나라와 함께 역사 속으로 사라지게 됐지.
"오, 이건 비책 수첩에 꼭 적어야 하는 내용이군. 밑줄 쫙쫙!"
참깨비가 비책 수첩에 깨알같이 필기를 하며 중얼거렸어.
"이제 새로운 나라도 세워졌으니 앞으로의 중국 역사는 창창하겠군.
다음 여행부터는 엄청 쉬워지겠는걸!"
참깨비가 한결 가벼운 얼굴로 주문을 외웠어.
깨비깨비 까비까비 뿡!

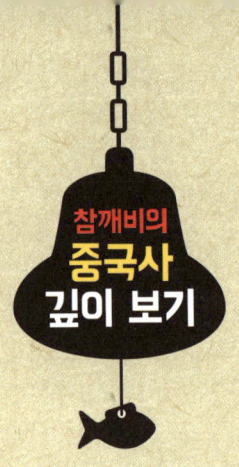

참깨비의 중국사 깊이 보기

중국의 마지막 황제, 푸이

역사의 소용돌이 속에 두 번 황제가 되다

푸이는 불과 세 살의 나이로 청나라 12대 황제가 되었어. 전 황제가 갑자기 죽는 바람에 황제의 조카였던 푸이가 후계자로 지목된 거지. 푸이가 즉위한 지 3년 만에 신해혁명이 일어났어. 중화민국이 세워지면서 청나라는 멸망하고 말았지.

비록 청나라가 망하고 황제로서의 자격을 잃었지만 푸이는 계속 자금성에 머물렀어. 자금성 밖에서는 변화가 한창이었지만 자금성 안에만 머물던 푸이는 이를 전혀 알지 못했어. 그저 자신을 여전히 황제 폐하라고 부르는 궁녀와 환관들에 둘러싸여 황제일 때와 조금도 다름없는 삶을 살았지.

어린시절의 푸이

하지만 새로운 시대의 바람은 자금성의 높은 담장도 막지 못했어. 서서히 서양 문물과 문화를 접하면서 푸이는 서양으로 유학을 떠나겠다는 결심을 하게 되었어. 계획대로 유학을 갔다면 이후 푸이의 삶은 굉장히 달라졌을지도 몰라. 하지만 세상은 푸이를 가만 두지 않았지.

파란만장한 푸이의 삶

얼마 후 일본은 조선에 이어 만주까지 점령하고 만주국을 세웠어. 국제적 비난을 피하기 위해 푸이를 황제로 임명했지. 어린 나이에 아무것도 모르고 청나라 황제가 되었던 푸이가 이번엔 일본에 떠밀려 만주국의 황제가 된 거야. 하지만 이름만 황제였을 뿐 실권은 일본이 쥐고 있었어. 푸이가 꼭두각시 황제 노릇을 하는 동안 중국과 일본의 전쟁이 시작되었어. 전쟁은 점점 커져 미국과 소련 등 다른 나라들까지 참전하게 되었어. 결국 일본은 항복을 선언했고, 만주국도 무너지고 말았지. 푸이는 일본의 중국 점령을 도왔다는 이유로 수용소에 갇히게 되었어. 수용소에서의 삶도 쉽지 않았지. 어렸을 때부터 황제로 살았기 때문에 옷을 입거나 신발끈 매는 것조차 혼자 할 수 없었거든.

만주국의 황제가 된 푸이

이후 푸이는 수용소에서 풀려나 베이징 식물원에서 정원사로 일하며 여생을 마쳤지. 황제에서 전쟁을 도운 범죄자로, 다시 식물원의 정원사까지……. 중국 역사의 급격한 변화 속에 푸이는 롤러코스터처럼 파란만장한 삶을 살았지. 이후 푸이의 삶은 영화와 드라마로 여러 차례 만들어지기도 했단다.

3장 공산당이 세운 중화 인민 공화국

"드디어 누구나 평등한 나라가 세워졌다니! 정말 다행이야."
꽃깨비가 자기 일처럼 기뻐하며 팔짝팔짝 뛰었어.
"참깨비 형 말대로 앞으로 중국은 걱정할 게 없겠는데?
이번 시간 여행은 완전 거저먹기겠어."
"그러게 말이야. 내가 이번에 시간 여행을 갔어야 했는데."
꽃깨비가 불깨비를 향해 곱게 눈을 흘겼어.

"그거야 모르는 거지. 역사엔 언제나 반전이 있잖아."

멍깨비의 어른스러운 말에 다들 웃음을 터뜨렸어.

"우리 멍깨비가 역사 도사가 다 되셨는걸?"

불깨비가 멍깨비의 머리를 쓰다듬어 주고는 비책 수첩을 꼭 쥐어 주었어.

"자, 그럼 시간 여행을 떠나 보실까?"

깨비깨비 까비까비 뿅!

5.4 운동이 일어나다

"일본을 내쫓고 주권을 되찾자! 나라를 판 앞잡이들을 잡아들여라!"

목청이 터져라 외치는 소리에 불깨비가 얼른 귀를 막았어.

주위를 둘러보니 널따란 천안문 광장이 사람들로 가득했어.

"헐, 멍깨비 말대로 완전 반전이잖아! 대체 이게 뭔 난리래?"

불깨비가 주섬주섬 비책 수첩을 꺼내들며 옆에 선 키다리 청년에게 물었어.

"왜 시위를 하는 거예요?"
"정부가 일본의 요구를 받아들였거든. 그걸 취소하라고 하는 거야."
키다리 청년이 일본의 요구가 적힌 종이를 건넸어.
'산둥 반도와 만주 지역에서 나오는 이익을 일본이 가진다.
제철소와 광산, 탄광은 일본과 함께 운영한다.
중국 정부에 일본인 고문을 둔다…….'
"이건 그냥 중국을 통째로 집어삼키겠다는 수작이라고!"
청년의 둥그런 얼굴이 벌겋게 달아올랐어.

신해혁명으로 중화민국이 세워졌지만 혼란은 계속되었어.
서로 권력 다툼을 벌이느라 정신이 없었거든.
청일 전쟁 이후로 세력을 야금야금 넓혀 가고 있던 일본은
혼란을 틈타 다짜고짜 억지스러운 요구를 들이민 거야.
힘이 없던 중국 정부는 울며 겨자 먹기로
일본의 요구를 들어줄 수밖에 없었지.
마침 조선에서 일어난 3.1 운동은 중국 사람들에게 커다란 자극이 되었어.
"우리도 조선인들처럼 일본에 맞서 싸우자!"
베이징의 대학생들이 먼저 천안문 광장으로 나왔어.
"지금이라도 일본의 요구를 거절하고, 친일파 관리를 쫓아내라!"

"일본 상품은 사지도, 쓰지도 말자!"
상인들은 가게 문을 닫고, 노동자들은 기계를 멈추고 광장으로 나왔지.
시위는 걷잡을 수 없이 퍼져 나갔어.
결국 정부는 친일파 관료를 쫓아내고,
사람들의 요구를 받아들이겠다고 발표했어.
이 사건을 시위가 시작된 날의 날짜를 따서 5.4 운동이라고 불러.

협력과 전쟁을 반복한
국민당과 공산당

5.4 운동을 계기로 중국인들은 국민당과 공산당 중심으로 뭉치기 시작했어.
외세를 물리치기 위해선 힘을 합해야 한다는 사실을 깨닫게 된 거야.
국민당은 쑨원이 만든 정당으로 가장 많은 사람들의 지지를 받고 있었어.
"그럼 공산당은 뭐지? 처음 들어 보는데."
불깨비가 중얼거리자 키다리 청년이 불쑥 고개를 내밀었어.
"공산당이라면 내가 좀 알지!
아니, 넌 전에 천안문 광장에서 만난 꼬마잖아?
반갑다. 난 마오쩌둥이라고 해. 중국 공산당을 만든 사람 중 한 명이지."

마오쩌둥이 신이 나서 설명을 시작했어.

"공산당은 재산을 똑같이 나눠 가지면 모두가 행복해질 수 있다고 주장해. 국민당보다는 약하지만 빠르게 힘을 키워 가고 있어."

쑨원의 뒤를 이어 국민당을 이끌던 장제스는

권력을 혼자 차지하기 위해 공산당을 공격했어.

그런데 국민당과 공산당이 싸우는 동안 일본의 침략은 갈수록 심해졌어.

급기야 일본은 만주를 차지하고 만주국을 세웠지.

하지만 국민당은 여전히 공산당을 공격하는 데만 열을 올렸어.
힘이 약했던 공산당은 국민당 군대를 피해 도망칠 수밖에 없었지.
어느덧 중년이 된 마오쩌둥은 힘들었던 날들을 떠올리며 말했어.
"험한 산과 강을 수없이 넘었어.
이동 거리만 무려 1만 2천 킬로미터에 달한단다."
"1만 2천 킬로미터면 서울과 부산의 25배 거리인데…… 엄청 힘드셨겠어요!"
2년간 계속된 추격전으로 10만 명에 달했던 공산당 군대는
1만 명으로 줄어들었어.

"하지만 우리 공산당 군대는 조금도 흐트러지지 않았어.
아무리 힘들어도 규율을 엄격히 지키고,
다른 이들에게 절대로 피해를 입히지 말라고 가르쳤거든."
마오쩌둥이 이끄는 공산당은 주로 농촌으로 숨어들었어.
이때 부패한 지주나 관리의 땅을 빼앗아 농민들에게 나눠 주었지.
더욱 많은 사람들이 공산당을 지지하기 시작했어.

절대 피해주지 말아라!

국민당을 비난하는 목소리도 점점 커졌어.
"지금 공산당이랑 싸울 때야? 힘을 합쳐 일본에 맞서도 부족할 판에!"
결국 국민당은 공산당과 손잡고 일본에 맞서 싸우기로 했어.
국민당과 공산당이 일본과 싸우는 동안에도 공산당의 인기는 더욱 높아졌어.
공산당 군대가 몸을 사리지 않고, 일본에 맞서 열심히 싸웠기 때문이야.

반면 국민당은 자기들 욕심 채우기에만 급급해
일본과 싸우는 데는 별로 관심이 없었지.
실망한 사람들은 하나둘 국민당에 등을 돌리기 시작했어.
일본이 물러가고도 국민당과 공산당 사이의 전쟁은 계속되었어.
하지만 그 사이 세력을 키운 공산당은 더는 밀리지 않았지.

공산당이 국민당을 몰아내다

결국 국민당을 몰아낸 공산당은 중국 대륙을 차지하고, 중화 인민 공화국을 세웠어.
"헉! 저기 서 있는 사람, 마오쩌둥 아저씨 아냐?"
단상 위에 선 마오쩌둥은 엄숙한 얼굴로 연설을 하고 있었어.
"중화 인민 공화국의 주인은 황제나 귀족이 아닌 노동자, 농민들입니다! 모든 국민들에게 토지를 나눠 주고, 재산도 공평하게 나눌 것입니다!"
이 나라가 오늘날 우리가 알고 있는 중국이야.

"아저씨, 정말 대단해요! 온갖 고난과 역경을 이겨 내고
새 나라를 세우시다니!"
"모든 사람들이 힘을 합쳐 열심히 노력한 덕분이지."
마오쩌둥이 껄껄 웃다가 고개를 갸웃거렸어.
"그런데 너는 예나 지금이나 그대로구나.
나는 벌써 머리가 벗겨지고 희끗희끗해졌는데 말이야."
"아, 그게 제가 워낙 동안이라……."
얼굴이 빨개진 불깨비가 재빨리 자리를 피했어.
"아휴, 하마터면 정체를 들킬 뻔했네. 얼른 돌아가자!
깨비깨비 까비까비 뽕!"

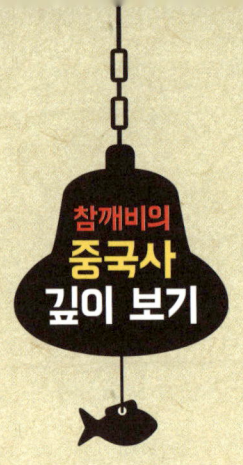

장제스의 국민당이 세운 중화민국

타이완의 독재자

공산당에 밀려난 장제스와 국민당 세력은 타이완 섬으로 건너가 자신들만의 나라를 세웠어. 정식 명칭은 중화민국이지만 흔히 타이완 혹은 대만이라고 부르지.

장제스는 이전부터 타이완 섬에 살던 사람들을 밀어내고 권력을 독차지했어. 정부의 주요 관직도 모두 국민당이 차지해 버렸지. 밀려난 타이완 사람들은 장제스와 국민당의 독재와 차별에 시달려야 했어.

장제스의 초상화

결국 불만이 커진 타이완 사람들이 시위를 벌였어. 장제스는 군대를 보내 무자비하게 시위를 눌러 버렸어. 무고한 사람들이 죽고, 정치인과 언론인들이 처형되었어. 공산당이 천안문 사태를 힘으로 처리한 것처럼 국민당 역시 국민들의 뜻을 눌러 버린 거야. 이후로도 장제스는 죽을 때까지 자그만치 27년이나 독재 정치를 하며 중국 대륙을 되찾겠다는 열망을 포기하지 않았지.

하지만 장제스의 독재는 성과도 있었어. 부정부패를 엄벌했고, 공업화를 이루어 타이완의 경제 발전에 이바지했지.

타이완을 압박하는 중국

최근 중국의 영향력이 커지면서 중국과 타이완 사이에 긴장이 높아지고 있어. 중국은 타이완이 중국의 일부라고 주장하면서, 다른 나라들도 이를 인정하도록 요구하고 있어. 이를테면 중국과 국교를 맺으려면 타이완과 관계를 끊어야 해. 처음엔 타이완을 지지했던 나라들도 중국이 경제 대국으로 성장하자 경제적 이익을 위해 타이완에 등을 돌렸어. 우리나라 역시 중국과 수교를 맺으면서 타이완과 국교를 끊었지.

올림픽용 대만 국기

중국의 압박은 이뿐만이 아니었어. 중국이 유엔에 가입하면서 타이완은 자의 반 타의 반으로 쫓겨났어. 올림픽에 출전할 때도 자신들의 국기와 '타이완'이라는 나라 이름을 쓸 수 없어. 대신 올림픽용 깃발과 '차이니즈 타이베이'란 명칭을 써야만 해. 중국과 타이완을 어떻게 볼 것인지는 국제 사회에서도 뜨거운 감자로 떠오르고 있어. 중국과 타이완이 서로 협의하고 양보해서 갈등을 평화롭게 풀어내기를 우리도 함께 기도하자꾸나.

타이완 중정 기념당에 있는 장제스 동상

4장 중국에 부는 개혁의 바람

"멍깨비야, 왜 이렇게 힘이 없어?"

참깨비가 걱정스러운 얼굴로 멍깨비에게 다가왔어.

"우리 멍깨비 힘없는 게 하루 이틀이니? 또 졸린 게지."

꽃깨비가 콧방귀를 뀌며 핀잔을 주었어.

"아냐. 얼굴이 정말 안 좋은데? 어디 아프냐?"

"이번이 마지막 시간 여행이잖아. 마지막이라고 생각하니 너무 아쉬워서."

멍깨비가 커다란 눈을 끔벅거리며 대답했어.

"아쉽기는! 속이 다 시원하구만. 이제 귀찮은 시간 여행도 안녕이라고!"

꽃깨비가 큰소리로 대꾸했어.

하지만 꽃깨비의 얼굴에도 아쉬움이 가득했지.

"그래도 시간 여행의 마지막을 멍깨비 네가 장식하는 거잖아!

멋지게 해내고 와. 잘할 수 있지?"

"형들은~. 우리 멍깨비가 누구야! 이 우아하고 멋진 꽃깨비님 동생이잖아.

분명 잘하고 올 거야. 그렇지?"

형들의 응원에 힘이 난 멍깨비가 활짝 웃으며 주문을 외웠어.

깨비깨비!

평등하게 가난해진 중국

"흠냐, 나 제대로 온 거 맞아? 여기가 진짜 중국이라고?"
하늘 높이 솟은 고층 빌딩과 도로를 가득 메운 자동차에
멍깨비의 눈이 휘둥그레졌어.
"정말 몰라보게 발전했지? 수십 년 전만 해도
나라 꼴이 말이 아니었는데 말이다."
돌아보니 흰 수염을 곱게 기른 할아버지가 선글라스를 쓴 채 웃고 있었어.
"어떻게 이렇게 빨리 발전할 수가 있었어요?"
"얘기하자면 좀 긴데, 괜찮겠니?"
"그럼요! 전 이야기 듣는 걸 좋아하거든요."

멍깨비가 할아버지 옆에 답삭 붙어 앉아 비책 수첩을 펴 들었어.
"중국은 모든 경제 활동을 정부가 관리했어.
다 같이 열심히 일해서 돈을 벌고, 번 돈은 똑같이 나눠 가지면
모두가 부유해질 수 있다고 믿었던 거지.
이렇게 모두가 평등하고, 재산도 똑같이 나누는 사회를 사회주의 사회라고 해.
하지만 경제는 발전하기는커녕 뒷걸음질만 쳤어."
"어째서요?"
"일을 열심히 하든 안 하든 똑같은 돈을 받으니까
너도나도 게으름을 부린 거야."
일을 게을리 하니 사람들이 나눠 가지는 몫도 줄어들어
모두가 평등하게 못사는 사회가 되어 버리고 말았어.

중국을 휩쓴 홍위병들

경제가 갈수록 나빠지자
정부의 역할을 줄여야 한다는 목소리가 나오기 시작했어.
하지만 주석이었던 마오쩌둥은 그렇게 생각하지 않았지.
"자기만 잘살고 싶으니까 저런 소릴 하는 거야.
앞으로 사회주의를 더욱 강조해야겠어!"

마오쩌둥은 사회주의 문화를 더욱 널리 퍼뜨리기 위해 사람들을 모았어.
이들을 홍위병이라고 해.
홍위병들은 사회주의와 관련 없는 문화와 제도는
모두 없애 버려야 한다고 주장했어.
"유교와 불교는 미신일 뿐이다!", "마오쩌둥과 사회주의만이 옳다!"
홍위병들은 절과 불상, 공자를 모시는 사당 등을 마구 파괴했어.
그런 탓에 수많은 유물과 문화유산이 망가지거나 사라졌어.
시나 소설도 마음대로 읽을 수 없었고, 영화나 공연도 금지되었어.

사회주의에 대해 조금이라도 안 좋은 말을 하면
부모든 스승이든 가리지 않고, 끌고 나와 공개적으로 비난했지.
"으, 정말 삭막하고 무서웠겠어요!"
"가족마저도 믿지 못하고 불안에 떨어야만 했던 시절이지.
안타깝게도 홍위병들의 행동은 갈수록 과격해졌단다."
홍위병들은 마오쩌둥을 신처럼 받들며
그를 비판하는 사람들은 무조건 잡아다 혼쭐냈지.
이처럼 마오쩌둥이 홍위병들을 앞세워
사회주의 문화를 퍼뜨리려 한 사건을 문화 대혁명이라고 불러.
"사회주의 말고 다른 건 다 없애 버려야 한다니,
그런 억지가 어디 있어요!"
"자신만 옳다는 극단적인 믿음이 만들어 낸 비극이지."
문화 대혁명은 마오쩌둥이 세상을 뜰 때까지 무려 10년이나 계속됐어.
문화 대혁명이 남긴 상처는
지금까지도 중국인들의 마음속 깊이 남아 있어.

개혁과 개방 정책을 펼친 덩샤오핑

마오쩌둥의 뒤를 이어 지도자가 된 덩샤오핑은
경제부터 바꿔야 한다고 생각했어.
"흰 고양이든, 검은 고양이든 쥐만 잘 잡으면 그만이지!"
잘 살려면 사회주의만 고집할 게 아니라고 생각했어.
"모로 가도 서울로만 가면 된다, 이거군요?"
할아버지가 제법이라는 듯 웃으며 고개를 끄덕였어.

"덩샤오핑은 닫혀 있던 중국 시장을 활짝 열었어.
외국의 돈과 기술도 적극적으로 받아들였지."
개인도 정부의 허가를 받으면 회사를 세우거나 장사를 할 수 있게 됐어.
그 덕에 중국 경제는 조금씩 활기를 띠기 시작했어.

열어, 열어, 시장을 활짝 열어!

천안문 사건이 터지다

덩샤오핑의 과감한 개혁으로 경제는 발전했지만
모두가 잘살게 된 것은 아니었어.
대부분의 사람들은 전과 다름없이 가난한 생활을 해야 했지.
사람들의 불만이 커지기 시작했어.
"왜 누군 잘살고 누군 못살게 된 거지?"
사람들은 공산당이 문제를 해결해 주길 바랐지만
공산당은 부정부패를 저지르며 권력을 지키는 데만 정신이 팔려 있었지.
불만의 목소리는 점점 더 높아졌어.
견디다 못한 사람들이 천안문 광장으로 쏟아져 나왔어.

"공산당의 독재에 반대한다!"
"우리에게 자유를 달라! 권리를 달라!"
정치 개혁은 필요 없다고 생각한 덩샤오핑은
탱크와 장갑차를 앞세운 군대를 보냈어.
화가 난 시민들은 더욱 거세게 저항했지만
총칼을 휘두르는 군인들을 이길 수는 없었어.
수많은 사람들이 죽거나 다쳤지. 이를 천안문 사건이라고 불러.
"어떻게 자기 나라 국민한테 총칼을 휘두를 수가 있어요?"
"결코 일어나선 안 되는 일이 일어나고 만 게지."

세계 2위의
경제 대국으로 성장한 중국

하지만 이후 중국은 경제 성장을 거듭하면서
세계 두 번째 경제 대국이 되었어.
한반도의 44배에 달하는 너른 땅과 13억 명이 넘는 인구,
풍부한 지하자원을 가진 엄청난 나라로 성장한 거야.
"서양 세력에 밀려 약해졌던 나라가
불과 100여 년 만에 다시 강대국으로 우뚝 서다니,
중국은 정말 대단한 것 같아요!"
"그런데 아까부터 뭘 그렇게 열심히 적는 거냐?"
"아, 이거요? 형들이랑 만든 중국사 비책 수첩이에요."
"이것만 보면 중국사를 다 알 수 있다는 게냐?"

"그럼요! 얼마나 열심히 만든 건데요!"
멍깨비가 건넨 비책 수첩을 차르륵 넘겨 보던 할아버지가 혀를 내둘렀어.
"정말 정성이 가득하구나. 이걸 너와 형들이 직접 만든 게야?"
"그럼요! 깨비깨비, 주문을 외우면 시간 여행을 갈 수 있는데요……, 아차차!"
신이 나서 떠들어 대던 멍깨비가 제 입을 틀어막았어.
"시간 여행이라니, 그게 무슨 소리냐?"
'이 일을 어떡하지. 옥황상제 할아버지가 시간 여행을 한다는 건
절대 말하지 말랬는데. 에라, 모르겠다! 얼른 도망가자!'
당황한 멍깨비는 냅다 주문을 외웠어.
깨비깨비 까비까비 뿅!

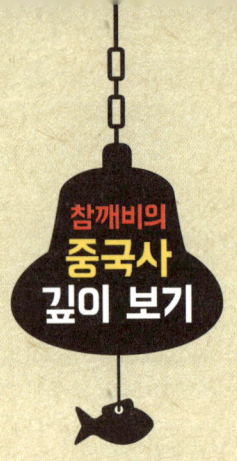

참깨비의 중국사 깊이 보기

세계 2위 경제 대국의 그늘

부정부패와 싸움을 시작한 중국

중국이 세계 2위 경제 대국으로 성장했지만 마냥 기뻐할 수 만은 없어. 앞으로 해결해야 할 과제가 아주 많기 때문이야.

중국에서는 여전히 공산당이 권력을 독차지하고 부정부패를 저지르고 있어. 사람들은 자신의 생각을 자유롭게 말할 수 없고, 공산당이 허용하지 않는 일부 사이트는 아예 접속할 수도 없지.

또 빠른 경제 성장을 이루면서 '돈이 최고'라는 생각이 뿌리 깊게 자리 잡았어. 질 나쁜 물건을 속여 파는가 하면 다른 나라 제품을 함부로 베끼기도 해. 도시와 농촌 간 빈부 격차도 커지고 있어. 중국 정부는 도시를 먼저 발전시켜 돈을 번 다음, 그 돈으로 농촌을 개발하겠다고 했어. 하지만 말과는 달리 농촌은 뒷전이 되었고, 일자리를 찾아 도시로 온 농민들은 적은 돈을 받으며 힘겹게 살아가고 있지.

베이징의 발전된 모습

환경 오염으로 병들다

환경 오염도 심각한 문제야. 중국에선 환경 규제가 제대로 마련되어 있지 않아 함부로 공장을 짓고 무분별하게 개발이 이루어지고 있어. 폐기물을 아무 데나 묻거나 바다로 흘려보내면서 땅과 바다가 오염되고 있지.

자금성을 뒤덮은 스모그

공장에서 뿜어낸 연기와 자동차의 매연으로 대기 오염도 심각한 수준이야. 중국의 수도 베이징에서는 뿌연 스모그 때문에 하늘을 제대로 볼 수 있는 날이 손에 꼽을 정도라고 해. 대기 속 오염 물질은 황사를 타고 우리나라를 비롯한 다른 나라까지 이동하기 때문에 더욱 중요한 문제야. 황사에 섞여 있는 중금속과 미세 먼지는 우리 건강에 치명적인 피해를 입히는 것은 물론, 비행기나 공장의 기계를 망가뜨리기도 해. 황사로 인한 피해를 줄이기 위해 환경 협약을 맺고, 사막에 나무를 심는 등의 노력을 기울이고 있지만 여전히 부족한 수준이야.

전문가들은 이런 문제를 얼마나 현명하게 해결하느냐가 앞으로 중국의 미래를 결정할 거라고 말하고 있어. 중국의 이웃 나라 국민으로서, 글로벌 시대를 살아가는 세계 시민으로서 관심을 가지고 지켜 보자꾸나!

> 중국사 여행을 마치며

사라진 비책 수첩

어깨를 축 늘어뜨린 도깨비들이 옥황상제 궁으로 쭈뼛쭈뼛 들어섰어.

"흠, 그래. 시간 여행은 잘 다녀왔느냐?"

옥황상제가 수염을 쓸어내리며 물었어.

"네. 시간 여행도 신나게 다녀오고 비책 수첩도 열심히 썼는데요. 그게……."

"죄송해요, 옥황상제 할아버지. 제가 비책 수첩을 그만 잃어버렸어요."

"비책 수첩을 잃어버렸다고?"

"네. 마지막 시간 여행을 갔다가 그만……."

멍깨비가 옥황상제의 불호령이 내릴세라 두 눈을 질끈 감으며 말했어.

"한 번만 더 시간 여행을 보내 주세요! 제가 꼭 찾아올게요."

"다시 간다고 잃어버린 비책 수첩을 찾을 수 있겠느냐?"

"찾을 수 있어요. 수첩 맨 앞장에 도깨비 그림을 그려 놨거든요."

"표지엔 '도깨비 사 형제의 중국사 비책 수첩' 요렇게 삐뚤빼뚤하게 써 놨고?"

"네, 맞아요! 어, 근데 할아버지가 그걸 어떻게 아세요?"

"어떻게 알긴, 봤으니까 알지! 이거 아니냐?"

옥황상제가 모서리가 나달나달해진 비책 수첩을 흔들어 보였어.

"어, 어떻게 그걸 옥황상제 할아버지가 가지고 계세요?
설마 그때 그 할아버지가……!"
당황한 멍깨비의 물음에 옥황상제가 씨익 웃으며 말했어.
"흐흐, 이제야 알았느냐?
내 너희들이 얼마나 잘하고 있나 보려고 친히 가 보았지.
덕분에 수첩을 예정보다 빨리 받게 되었구나."
"으앗! 그런 줄도 모르고 엄청 걱정했잖아요!"
그제야 안심이 된 도깨비들이 가슴을 쓸어내리며 투정을 부렸어.
"너희들이 임무를 잘 수행했으니 나도 약속을 지켜야겠지?"
참깨비가 재빠르게 도깨비 방망이를 옥황상제 앞에 놓았어.
옥황상제가 양쪽 관자놀이에 손가락을 대고 눈을 감으며 "얍!" 하고 기합을 넣었어.
공중으로 불쑥 떠오른 방망이가 환한 빛에 휘감기더니 참깨비의 손으로 날아갔어.
"우왓, 완전 새 방망이가 되었잖아? 무슨 소원부터 빌어 볼까?"
"나부터 해 볼래, 나부터! 난 미모를 평생 유지하게 해 달라고 빌 거야!"
"나는 더 큰 불을 뿜게 해 달라고 해야지!"
"허허, 녀석들도 참. 그렇게들 좋을까?"
신이 나서 까불어 대는 도깨비들을 보며
옥황상제와 오방공주가 흐뭇하게 미소 지었어.

꽃깨비의 중국사 여행

천안문 광장

천안문 사태, 5.4 운동이 있었던 이곳은 베이징의 중심, 중국의 상징이야. 가로 약 800m, 세로 약 500m로 세계에서 가장 큰 도시 광장이래. 천안문 안에는 중국 최고의 궁궐인 자금성이 있어. 마오쩌둥 기념관, 중국 역사 박물관, 중국 혁명 박물관 등이 있는 중국의 가장 큰 관광 명소이기도 해.

5.4 광장

칭다오에 있는 5.4 광장이야. 1919년 5월 4일에 있었던 항일 운동을 기념하기 위해 만들어진 곳이지. 광장 가운데에는 빨간 횃불 모양의 커다란 조각상이 있는데 5.4 운동 당시 중국인들의 의지를 상징해. 밤에는 빨갛게 빛나는 횃불의 모습을 볼 수 있대.

양쯔강

아편 전쟁 박물관

1957년 광둥 성에 지어졌어. 아편 전쟁 당시 아편을 태운 임칙서를 기리는 기념관이야. 정문 앞에는 임칙서의 동상이 있고, 기념관 안에서는 아편 전쟁의 당시의 모습을 보여 준대. 아편 전쟁은 중국 근대화의 계기가 된 사건인 만큼 많은 사람들이 찾고 있어.

태평천국 운동 박물관

중국 난징에 있는 이 박물관은 1951년, 중국의 근대화 운동인 태평천국 운동 100주년을 기념하기 위해 지어졌어. 중국의 강남식 정원이 아름답게 펼쳐진 이곳은 원래 주원장이 황제가 되기 전에 사용하던 곳으로 조선시대 의금부와 같은 역할을 했대. 중국 최대의 농민 운동이 궁금하다면 꼭 한 번 가 봐야겠지?

쑨원 기념관

상하이에 있는 쑨원의 집이야. 쑨원은 이곳에서 우리나라 독립 운동가들과 친분을 쌓았다고 해. 한국과 중국의 정신적 지도자들이 국민의 미래를 위해 함께 고민했던 거지.

청나라 후기
아편 전쟁, 난징 조약 ➡ 태평천국 운동, 양무운동 ➡ 청일 전쟁 ➡ 변법자강 운동, 의화단 운동 ➡ 중화민국 성립

중화 인민 공화국
5.4운동 ➡ 국민당과 공산당의 대립 ➡ 공산당 승리, 중화 인민 공화국 수립 ➡ 문화 대혁명 ➡ 덩샤오핑의 개혁

1. 아편 전쟁과 난징 조약
영국 상인들이 청나라와 교역에서 손해를 메꾸기 위해 아편을 팔기 시작했어.
아편 중독자들이 늘어나자 청나라가 아편 교역을 금지했고, 이에 불만을 가진 영국이 전쟁을 일으켰어.
하지만 청나라는 전쟁에서 패했고, 영국과 난징 조약을 맺었지.

2. 태평천국 운동과 양무운동
태평천국 운동 - 14년간 이어진 최대 농민 반란으로 재산 공동 분배, 남녀 차별 금지를 주장했어.
양무운동 - 청나라 관료를 중심으로 서양 무기와 기술을 배우려는 운동이야.

3. 청일 전쟁
청나라와 일본이 서로 조선을 차지하겠다며 전쟁을 벌였지만
청나라가 패배하면서 일본에게 엄청난 배상금과 조선을 넘겨주고 말았어.

4. 변법자강 운동, 의화단 운동

변법자강 운동 - 서양의 제도와 법률을 받아들여 근본적인 개혁을 하자는 운동이었지만 보수파가 반발해서 실패하고 말았어.
의화단 운동 - 변법 자강 운동과 반대로 서양 세력을 몰아내자는 운동이야.

5. 중화민국 성립

쑨원이 신해혁명을 일으켜 모두가 평등하며 국민이 나라의 주인인 중화민국을 세웠어.

6. 5.4 운동

중국에서 세력을 키워가던 일본의 억지 요구에 맞서 사람들이 일으킨 저항 운동이야.
이를 계기로 중국인들이 서서히 뭉치게 되었지.

7. 국민당과 공산당

장제스가 이끈 국민당과 마오쩌둥이 이끈 공산당이 대립했어.
국민당은 재산을 각자 소유하자고 주장했고, 공산당은 재산을 공평하게 나누자고 주장했지.
둘의 대결에서 공산당이 승리했고, 이들은 중화 인민 공화국을 세웠지.
국민당은 타이완 섬으로 건너갔어.

8. 문화 대혁명

사회주의와 관련 없는 문화와 제도는 모두 없애 버리자는 운동이야.
수많은 유물과 문화유산이 파괴되고, 언론과 표현의 자유가 사라졌지.

9. 덩샤오핑의 개혁

덩샤오핑은 경제 발전을 위해 외국의 돈과 기술을 적극 받아들이고, 개인 사업을 허가해 주었지.
이로 인해 중국 경제가 발전하기 시작했어.

연표

연대

◎ 기원전 2500년 무렵 **중국 문명의 탄생**

◎ 기원전 1600년 무렵~1050년 무렵 **상나라**

◎ 기원전 1050~770년 **주나라**(서주)

◎ 기원전 770~221년 **춘추·전국 시대**(동주)

◎ 기원전 221~206년 **진나라**

◎ 기원전 202~220년 **한나라**

◎ 221~589년 **위·진·남북조 시대**

◎ 581~618년 **수나라**

◎ 618~907년 **당나라**

◎ 960~1279년 **송나라**

◎ 1271~1368년 **원나라**

◎ 1368~1644년 **명나라**

◎ 1636~1911년 **청나라**

◎ 1912~1949년 **중화민국**

◎ 1949~ **중화 인민 공화국**

주나라 청동기

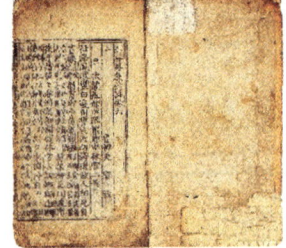
송나라 시인 황정견의 문집

송나라 도자기

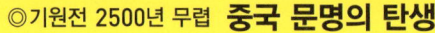
한나라를 발전시킨 무제

청나라 청자

명나라 만리장성

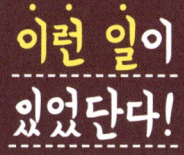

이런 일이 있었단다!

1840년
아편 전쟁이 일어나다

1842년
아편 전쟁에서 패한 청나라, 영국과 난징 조약을 맺다

1851년
태평천국 운동이 일어나다

1861년
청나라 관료들이 양무운동을 펼치다

1864년
태평천국 운동이 끝나다

1894년
청일 전쟁이 시작되다

1898년
변법자강 운동이 일어나다

1899년
의화단 운동이 시작되다

1911년
신해혁명으로 중화민국이 들어서다

1919년
5.4 운동이 일어나다

1932년
일본, 만주국을 세우다

1949년
마오쩌둥, 국민당을 몰아내고 중화 인민 공화국을 세우다

1966년
문화 대혁명이 일어나다

1989년
천안문 사건이 터지다

아편 전쟁

청일 전쟁

태평천국 운동 지도자 홍수전

신해혁명 무창 봉기 기념관